说出来

我 的 人 生 锦 鲤 书

聊下去

嗨 迪 编 著

长江出版社
CHANGJIANGPRESS
漫娱图书

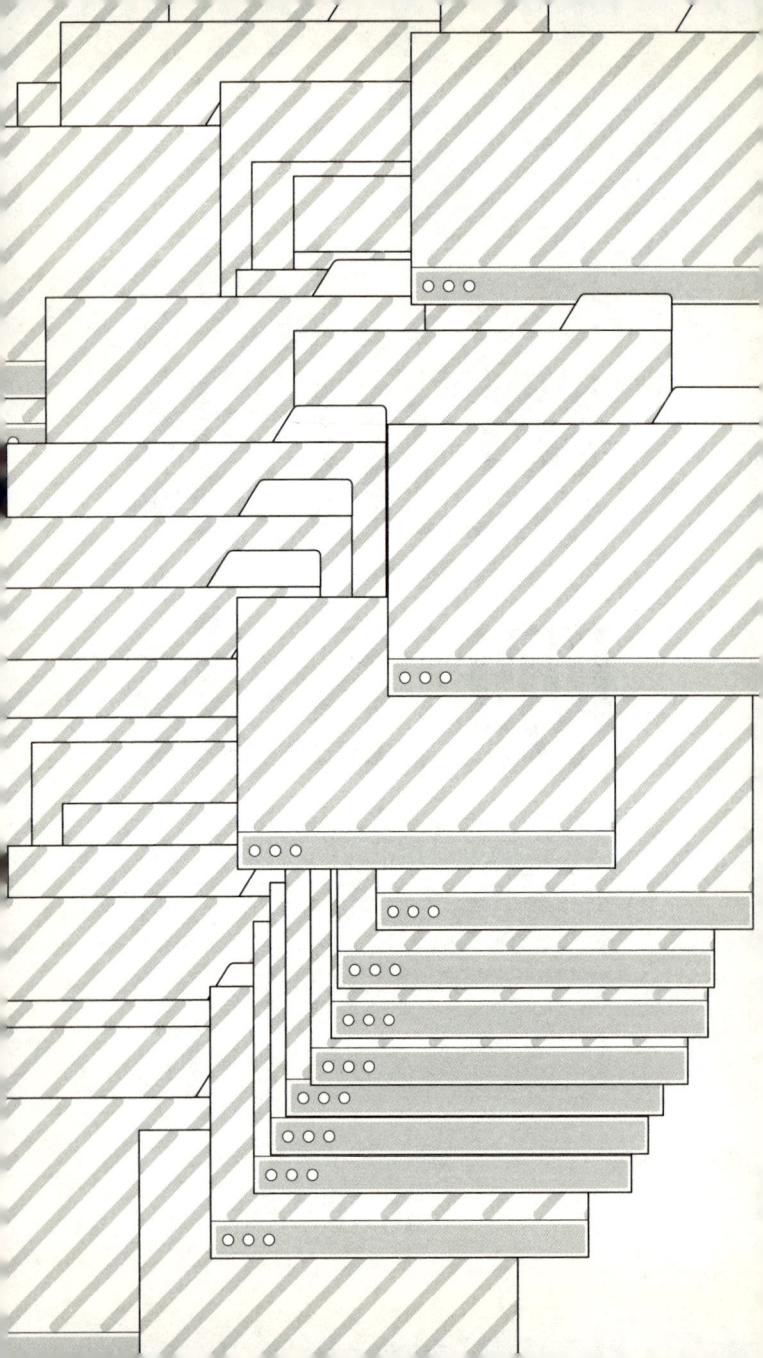

一跟父母对上就会聊崩

解释永远不能一次到位

多人聚会总是默默无语

水群好手现实张嘴苦手

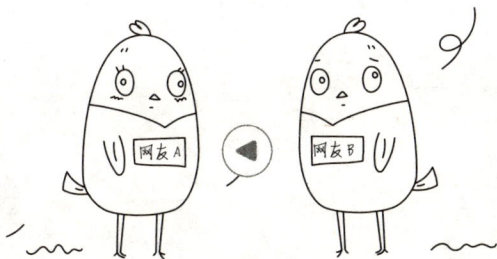

每当网友见面慌得不行

爱你在心可惜我口难开

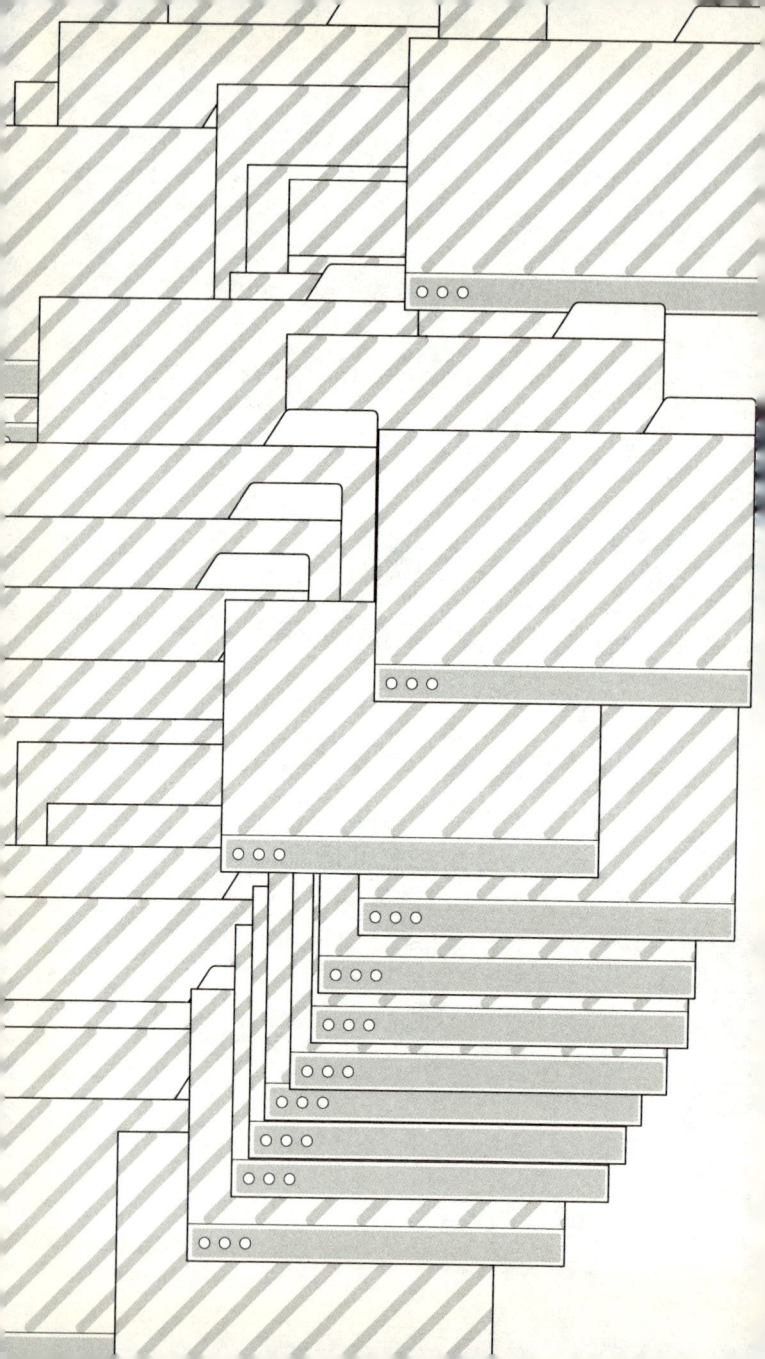

老同学的聚会更显尴尬

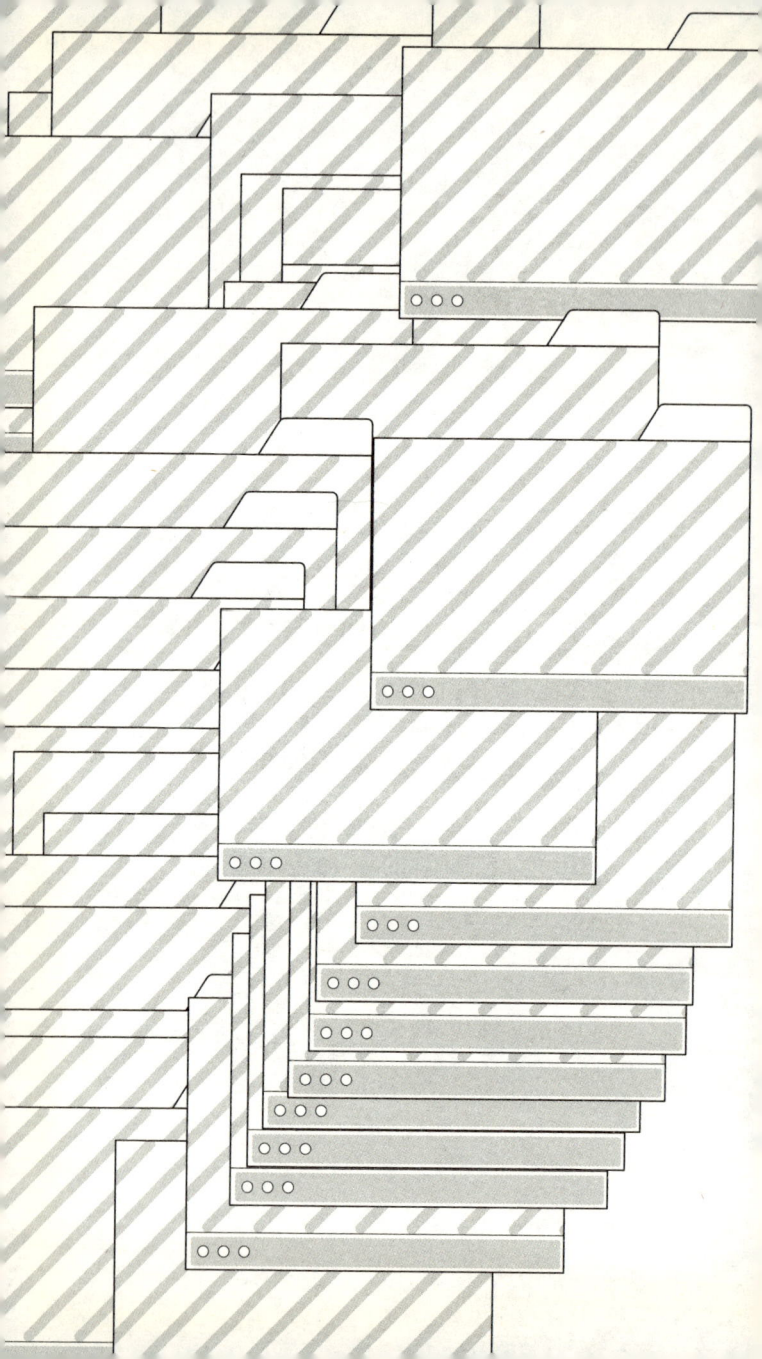

吵个架都会发挥不够好

与前任对话半句都嫌多

毛遂自荐永远轮不到我

PART ONE

说出来

○ ○ ○   ◄◄◄

PART TWO

聊下去

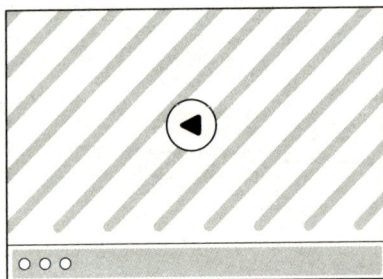

说出来

·父母篇·

不要你觉得，要他们觉得

与父母总是聊崩？那是你还没有
掌握趋利避害的技巧。父母内心
的想法不是那么容易就能撼动
的，先想想父母真正在意的是什
么，他们在意的你也要在意，并
容纳到你的核心观点里去，这样
他们才会真正重视。

● 听听父母的内心

与父母的理解过程要从倾听开始。认真倾听，你才能明白父母真正想要表达的深意，才能打破被教育、被唠叨的烦躁。倾听的过程也有助于化解你的急躁、冲动，等到开口说话的时候已经能冷静答复了。

· · ·

父母　都 12 点过了！还不回来！

你　你们先睡啊！不用管我！

复制　转发　收藏　撤回

严厉的表象下其实都是担心。

你　好的好的，马上回来。
您就先睡，不用等我。

● 别再盲目"嗯嗯"

· · ·

父母说什么，你都"嗯嗯"，但却只是随口附和，这在父母眼里就是不听话，会加深父母的焦躁不安，次数多了，他们的脾气自然收不住。从下次起，戒掉随便"嗯嗯"，端正态度，适当行动。

...

父母 都 11 点了！还不快去睡！

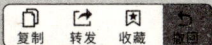

你 复制　转发　收藏　撤回

嗯嗯，好好。

口头答应却不行动，真的很敷衍了。

你 再等半小时，11 点半，我就去睡。
您明天还要赶早出门吧，看看闹铃定好没。

♥　　◁　　○

⬤ 即使不照做，也请委婉回应　　　　···

♡　✈　💬　　　　　　　🔖

面对父母的要求，怎么说比怎么做更重要。当父母的要求和你的安排有冲突时，你可以不完全按父母的要求去做，但回应方式一定要采取迂回的说法，不让父母直面你的拒绝。

< 公交 or 的士 >

...

父母 哎，你去那儿就坐公交呀，的士多贵，公交 2 块钱内就解决了。

复制　转发　收藏　撤回

你 不要，我就要打的。

没必要拒绝得这么直接。

你 是的呢，我正要去公交站。不过我比较赶时间，要是等会儿公交还没来，我再看着安排。

♥　✈　💬

享受有唠叨的时刻

...

♡ ✈ ◯   🔖

愿意唠叨你的父母，唠叨的都是关心、在意。你的不耐烦和抵抗只会让他们无所适从，更不知道怎么和你沟通，想要说什么一想到会被你认为是唠叨，就偃旗息鼓了。但这并不是家人的正常相处模式，为什么要将爱与温暖拒之门外呢？

···

父母　不能挑食啊，别总吃垃圾食品。

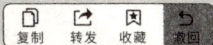

你

复制　转发　收藏　撤回

哎呀，您说过无数遍了，好啰唆。

这么不耐烦，你反省一下自己吧。

你　好，知道啦。我下次给你们也买点综合维生素吧，那个对身体好。

♥　　✈　　◯

⬤ 审美不一就插科打诨　　　···

年龄层的代沟一直都有，不用刻意争辩，"油嘴滑舌"
正适用。遇到代沟问题，争执不下很容易加深嫌隙，
倒不如随意一些，转换思维，略过当下的话题方向。

· · ·

父母 你这穿的什么奇奇怪怪的衣服。

复制 转发 收藏 撤回

你 很好啊，不奇怪啊，哪里奇怪了。

你这一激，接着就该围绕"奇怪"辩论了。

你 这是今年的流行款，我刚还收藏了一些新的款，您也来看看，不愧是模特，上身太好看了。

❤ ✈ 💬

● 社会关系靠嘴甜　　　...

除开父母，还有许多长辈需要你保持口头之交。不知道怎么跟七大姑八大姨或是邻里、父母的朋友好好接触？那就先做到口头勤快，见面记得打招呼、"叔叔阿姨"亲切地喊上，面带笑容、态度尊敬，这样也很OK了。

· · ·

父母 亲戚们来了，你也不知道勤快点，要喊人啊，热情点。

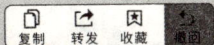

你 复制　转发　收藏　撤回

哎呀，您烦不烦。

你这暴脾气，得改改。

你 我想喊来着，但怕记错了人，喊错了称呼，下回您悄咪咪提醒我一下哈。

❤ ✈ 💬

🔘 不要找借口

这个↑ ……
那个↑ ……

长辈最讨厌的就是硬找借口。面对父母就诚实一点吧，
生搬硬套的理由，更惹人生气。这个时候就应该直白
一点，认错又不丢人。

< 作业 >

· · ·

父母 你作业都做了吗？回来就在玩。

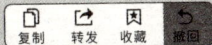

复制　转发　收藏　撤回

你 明天做啦。

明天你会做才怪。

你 是的……还没做。
等我休息一下，马上来做！

❤ ✈ 💬

043

● 沉默是炸弹　　　　　　　　···

你是不是经常在父母责难时一言不发，要么低头盯地板，要么抬头望天？也许你是因为不知道说什么，怎么说，就选择沉默，但这种沉默并不好，很可能使你和父母之间的误会加重，该说出来的话还是要说，你面对的可是父母，又不是敌人。

· · ·

父母 你说说你，同样的错误怎么还在犯。

复制　转发　收藏　撤回

你 ······

不要沉默啊！

你 是我太大意了，我知道您也是为我好，我下次一定注意。

♥　◁　○

◯ 温和地帮父母避雷 ...

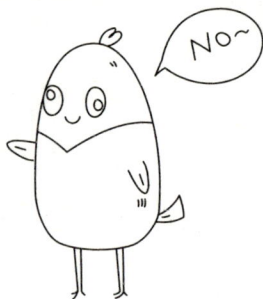

父母总是容易轻信外界的宣传，想要让父母理智些，不再轻信市场谣言，也不用非得强力抵制，改用温和的方式，让父母自己意识到问题，会更有效果。

...

父母　你看，今天店老板给我特别推荐了一本教辅，说做完这本，成绩一定能突飞猛进。

複制　转发　收藏　撤回

你　我不做。这些吹的都是假的，没什么用。

反手给你一个巴掌。

你　哇！辛苦爸/妈了。
等我来试验下，也好让您知道店老板有没有夸大其词。

♥　　◁　　◯

● 你愿意分享，他们愿意接纳　　　...

父母的接受度比我们想得更高。只要你愿意告诉他们
你的喜好、生活方式，或者只是简单讲讲你身边的人
或事，他们也会愿意倾听，这是一次互相靠近的机会。

< 感兴趣 >

...

父母 你这是在玩什么?

你 ~~就是一款游戏啦,您莫打扰我。~~

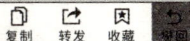

复制　转发　收藏　撤回

瞧瞧你的冷淡。

你 这是一款新出的手游,真的很好玩。您平常照顾家里也很累,这个游戏可以放松神经,您可以试试,我来教您玩。

♥ ✈ ◯

⬤ 对于必然会问到的问题，提前做好准备·

♡ ✈ 💬   🔖

以你对父母的了解，有些他们必然会关心的话题，就可以提前想想怎么回答，不至于临时被问起而手忙脚乱说错话。思考回答内容应该先想想父母的预期值，你再根据实际做些微调整，给他们一个可接受的结果。

···

父母 你现在工资怎么样啊?

复制　转发　收藏　撤回

你 还行吧。

一个"吧"字毁所有。

父母 还行是多少?

复制　转发　收藏　撤回

你 您别问了好吗,反正我能养活我自己。

你这样一说,本来不担心的也要焦虑了。

你 挺好的呀,我的下一步当然就是置办一套房子,这样您也安心。

❤ ✈ ◯

不要在有情绪的时候说伤人的话

不要说太多情绪话。心情不爽的时候，思维也会不受控制，容易胡言乱语，完全不顾他人感受，这是很致命的，尤其对象是父母时，因为父母不会指责你伤人，只会默默伤心。

···

父母 太阳都晒屁股了！让你昨天睡那么晚，以后不准再晚睡。

你 您管那么宽干吗，我睡个觉还不行了！

复制 转发 收藏 撤回

导火索，请注意！导火索，请注意！

你 爸/妈，我还是好困，还没睡好，您就让我再多睡半个小时吧。

❤ ✈ ◯

表达你自己

沟通是打消隔膜和误会的第一步，让父母知道，你已经拥有自我思考的能力，你懂得且有能力安排自己的人生。感谢他们对你的关心的同时，传达自己的想法，引导他们将你当作成人来对待。

父母 你这回得听我的，读书的时候让你好好学偏爱玩，考了个不太好的大学；上了大学，让你及时考教师资格证、考研，又不听，毕业了什么证都没有。

复制　转发　收藏　撤回

你 是是是，都是我没用。

赌气的话就省省吧。

你 您经验比我多，您所说的我也有在意，最近我想对自己的人生重新做个规划，到时候您来帮我参谋参谋吧。

面对质疑，循序渐进

好的呀！

观念的差异，要慢慢说通，急不得。父母的有些思想已经根深蒂固，不是你的一两句话就能破除的，你千万不能一急躁就开始无所顾忌地大放厥词，慢慢沟通吧，这次不能说通但至少给他们植入一点你的想法，也是成功的。

< 交朋友 >

· · ·

父母　你要多跟×××、×× 相处，他们一看都是很优秀的孩子，对你有帮助。

复制　转发　收藏　撤回

你　我交朋友随心意，没那么市侩。

扎心了扎心了。

你　我跟他们都是朋友啦，我也有在交其他性格很契合的朋友，他们也都是很好的人。

♥　◁　◯

多为父母着想

与父母对话前，要站在父母的角度想想问题，也许下一秒开口想说的话就会有了改变。不要等心急口快过后再来反悔，已经说出去的话收不回来了。

...

父母 这次假期啥时候回……不回啊，为什么呀？

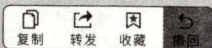

复制　转发　收藏　撤回

你 就那么几天，回来干啥，不想回。

这话催泪指数太高。

你 这个假期有约了，会出去玩几天放松下。我会再挑个假日回来的，要是实在空不出时间，过年回来哪儿也不去就专门陪陪你们。

● 不要对父母惜字如金 ...

多与父母聊聊，不要吝啬话的多少。跟朋友聊天能聊很久，为什么跟父母却总是聊不到三句半？抱着深入交流的心，和父母好好聊聊天吧。

< 感情 >

· · ·

父母 最近看你都没怎么外出，和你男 / 女朋友吵架了？

| 复制 | 转发 | 收藏 | 撤回 |

你 没有啊，挺好的。

你就不能多说几句吗……

你 没有啦，我们关系很好。最近他 / 她出差了，还没回呢。要是他 / 她回了，您可能就经常看不到我了，那还不得让您天天想我啊。

♥ ◁ ◯

● 也让父母说说他们喜欢的　　　　　···

让父母告诉你他们喜欢什么。你的喜好不用说，父母
都知道，因为你就是他们日常生活中最关注的焦点，
但父母的喜好呢，适时问问父母，也了解他们的喜好吧。

· · ·

父母 你这都喜欢的什么事哦？正事不做净做这些。

你 您莫管我好吧。

复制　转发　收藏　撤回

冷静，冷静！

父母 你说你买这些，钱花得多，还没什么用。

你 您放心，我都是花自己的钱。

复制　转发　收藏　撤回

这是钱的问题吗？大兄弟。

你 生活就需要各种让自己开心的事，这些都是我喜欢的东西。爸妈，你们肯定也有喜欢的东西，可以跟我说说吗？

♥ ◁ ◯

⬤ 活跃气氛是重任 · · ·

如果你的父母不苟言笑，你要负责让他们喜笑颜开。
父母保持严肃，你也板着脸，这样的沟通往往都弥漫
着生硬气息，你多笑笑，说点趣事，开开玩笑，相信
我，父母也不会一直严肃脸的。

· · ·

父母　你买这么多东西，又只是堆着，干吗呢？

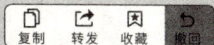

复制　转发　收藏　撤回

你　哦，就那样放着呗。

这话真没法接。

你　生活也是个小孩子啦，需要你宠，需要你照顾，买买买就是我的宠娃之道。

♥　✈　💬

跟着父母的脚步走   ...

谁说父母在追的电视剧、听的歌就一定不适合你？跟随他们的脚步，聊聊他们的世界，会开启不一样的聊天频道。

· · ·

你　在看什么电视剧呢？

父母　谍战剧。

复制　转发　收藏　撤回

你　哦。（走开了）

你也可以看看啊！

你　好看吗？感觉还挺刺激的，我也来看看……
这人是什么身份啊……

♥　◁　◯

⬤ 用熟悉的话语聊天 · · ·

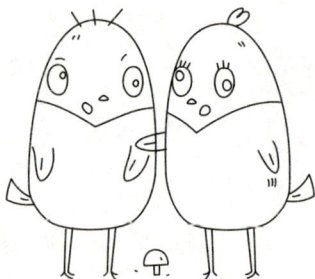

你熟悉的网络用语父母不一定熟悉。你可以教父母熟悉当下的热词热语，但在他们接受前，还是用他们熟悉的话语来交流吧。

· · ·

父母　什么时候带个男 / 女朋友回来啊?

你　别催，催就原地自杀! 有合适的我自然会带回来的。

复制　转发　收藏　撤回

这种玩笑话爸妈不理解，会被吓到的!

你　这不缘分未到，还没遇到合适的嘛。

❤　✈　◯

⬤ 听懂父母的话外音 · · ·

♡ ✈ ○   🔖

父母有时候也只是不会表达，总习惯以长辈的口吻说教，但他们大多时候的内在含义都是关心你的生活、身体，希望你过得开心、舒服。

· · ·

父母　下班了吗？又在加班啊！怎么老是加班啊，早点回去啊。

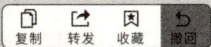

|复制　转发　收藏　撤回|

你　哎呀我知道了。

父母是怕你熬坏了身体！

你　没事，就是最近比较忙，所以加会儿班，忙完这阵就好了，我等会儿就走了。

♥　　✈　　💬

⬤ 用过渡语为反驳做缓冲　　　···

作为子女，直接反驳父母的话，情理上还是过不去，这个时候，加上一些过渡语，给父母一些缓冲，不至于让他们觉得长辈的苦心白费了，所表达的意思就会很不一样了。

...

父母 你有对象了吗？别忽视，得留意找啊。

复制　转发　收藏　撤回

你 读书的时候严防死守，现在倒是晓得急了。

一上来就是埋怨，可不妥。

你 您说的对，是要好好找。
我可不是在排斥恋爱、结婚哈，只是不想太着急而将就，我有安排的，放心。

❤　✈　💬

🔘 听父母讲过去的故事 　　　　　...

♡　✈　💬　　　　　　　　　🔖

老是不知道与父母聊什么的你，不妨试试追溯父母曾经的岁月，会发现许多与众不同的故事，也是一种拉近彼此距离的好方法。不过询问的点不宜宽泛，有具体的落脚点最好。

· · ·

| 复制 | 转发 | 收藏 | 撤回 |

你　爸/妈，你们讲讲你们的往事吧。

太笼统。

你　爸/妈，你们小时候都玩些什么游戏呀？

❤　　◁　　◯

· 好友篇 ·

朋友圈的天天可见

以为的好友关系，心有灵犀一点
通；实际的好友关系，聚会不如
独处。

当你觉得朋友不懂你时，你是否
懂你的朋友？明明你们应该是在
思想、习惯上最合拍的，但你却
不知道如何维护友情。

● 无论关系远近，都要放得开 ...

朋友之间的相处，要做到不拘谨。有时候无话可说就是因为太过放不开，约束着自己什么都不能聊。其实朋友间哪有那么多顾虑，日常闲聊就好。

· · ·

朋友 你最近都在干什么？

你 没干什么。

朋友 我最近剧荒，有没有什么好看的电视或综艺推荐？

| 复制 | 转发 | 收藏 | 撤回 |

你 我也没怎么看。

一味地逃避话题，更显尴尬。

你 我最近都窝在家里追剧呢，有一部电视剧很好看，你也可以去看看……

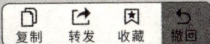

❤ ✈ ○

吐槽过了也致命

虽说分享与吐槽都是见证朋友关系的亲密之举，但吐槽也要有所衡量。有些人、事、物若是对方的心头肉，那你可得嘴下留情，不要过分耿直。

· · ·

朋友 ×××真的太帅了！

复制　转发　收藏　撤回

你 哪里帅了，我最讨厌他了。

这么耿直，我竟无话可说。

你 嗯，颜值上还挺耐看的。

♥　✈　◯

⬤ 给各自留空间

· · ·

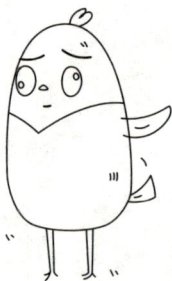

♡ ✈ ○   🔖

交流也有度，不是所有话题都适合追根究底。交流中
对方明显不想深入的话题就机灵点儿略过去吧。都是
独立的个体，自然也有私密空间不想被打扰。

< 私事 >

...

你 周末要不要一起出去玩?

朋友 不了,这周有事。

你 什么事啊?

朋友 没什么,私事。

你 私事是什么事啊,还是不是朋友了,直接说出来不好吗。

复制 转发 收藏 撤回

就你这情商?

你 哦哦哦,那好吧,那下次有机会再约,要是有什么需要帮忙的记得跟我讲。

❤ ✈ 💬

"鸽子精" 不配拥有理由

已经答应的邀约，不要给推脱的理由。不管什么理由，放朋友鸽子的性质都是不好的，与其各种强化理由的正当性、合理性，不如想想弥补的措施，直接给出解决方案会更容易减轻好友的怒火。

< 鸽子 >

···

朋友 今晚组团打游戏，来不来？

你 不了，我今晚有会。

朋友 周末火锅，约吗？

你 我口腔溃疡，吃不了。

朋友 我生日你都不陪我吃顿饭吗？

复制　转发　收藏　撤回

你 啊，我记成后天了，我留的后天的时间。

"咕王" 来了。

你 下周××时间我都有空，你看你哪个时间有空，我来补偿你一顿大餐。

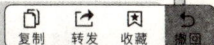

❤ ✈ 💬

完美避开朋友的禁忌

· · ·

隐私地带，禁止过问。每个人都有自己的底线，关系再好，也不能妄图触碰他人的底线。管住嘴，不该说的千万不要说。

你　这次班级春游你不去吗?

朋友　不去。

你　为什么?

朋友　不是很想去，而且那天我还要工作。

你　工作啥啊，你那也就是打个工，又不缺这点钱，旷工算了。

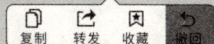

复制　转发　收藏　撤回

钱是禁忌！

你　哦哦，那真可惜，不过我会拍照片给你看的，回来给你带小礼物哦。

用乐观来回应朋友的苦闷

好友的负能量，需要你的正能量来中和。面对失意的朋友，你需要调动你的乐观来安抚，而不是非得和他一起丧。

···

朋友 我最近情绪太差了，很多事都不如意。

你 大家都一样，每个人都有各自的苦衷。

复制　转发　收藏　撤回

你这么丧，我只会更丧。

你 烦心的事总是闹不停的，别把我们的时间浪费在苦恼上，想想还有多少愉快的事情等着我们去做，生活也会愉悦不少。

⬤ 对朋友换位思考　　　···

♡　✈　◯　　　　　🔖

与朋友沟通，不要总是以自我为核心，既然是两个人的相处之道，自然也应该多从朋友的角度思考自己的说话方式、行为模式。

< 你来选 >

· · ·

朋友 周末出来看电影吗?

你 好呀,听说最近新上映了一部恐怖片,评价还可以,我们去看吧。

| 复制 | 转发 | 收藏 | 撤回 |

你就选了?也不考虑下你朋友喜欢的?

你 好呀,你想看什么电影?你能接受看恐怖的吗?要是害怕就算了,反正什么类型我都可。

❤ ✈ 💬

● 换一根筋看人 · · · · · · · ·

你如何看待朋友，会进一步影响你与之说话的态度。
再好的朋友也不会各方面都合你意，你得学着不带偏
见色彩，不被某一方面影响全部。

自大的人——关键时刻也是愿意顶事的人。

自私的人——对于好好生活有更棒的经验之谈。

多管闲事的人——一颗真心向众人。

< 缺点 >

···

朋友 这回真对不起，让你也错过了活动。

你 你说说你迟到多少回了，能不能有时间观念，你这日子过得也够失败的。

| 复制 | 转发 | 收藏 | 撤回 |

别揪着一点扩大。

你 你这不准时的毛病真的要改改了，作为朋友你很仗义，多么希望哪天能让你等我一回就更好了。

♥ ◁ ◯

🔘 喜欢的东西都会逐渐增多 ···

❤ ✈ 💬   🔖

爱好是会越聊越多的。每个人喜欢的东西不会永久固定，此时不喜欢，被朋友推荐多了也就喜欢上了，又或者聊着聊着就有了新的爱好。

· · ·

朋友　我最近迷上了一款游戏，你也应该去玩玩。

　　　　复制　　转发　　收藏　　撤回

你　哦，不去，不感兴趣。

　　真冷漠！

你　好啊，你跟我说说是什么游戏。

♥　　✈　　○

● 该矫情的时候矫情 ···

♡ ✈ ◯ 🔖

见证友谊，该表达的不能少。虽说现在大家都流行"你懂得就好"，但有时直观的表达更能给人抚慰。朋友生日，你准备了礼物；朋友失恋，你直言"还有我们陪你"，就很好。

< 惊喜 >

...

朋友 明天有什么安排吗？（明天我生日呢）

复制　转发　收藏　撤回

你 明天没啥重要事情呀，躺一天吧。

真的没有重要事情吗？

你 安排有呀，你先期待着吧，嘻嘻。

♥ ✈ ○

● 偶尔也要放下诤友的身份　…

♡　✈　💬　　　　　🔖

生活中，有这样一类诤友，会对朋友直言不讳、严肃认真，立志扫清朋友身边的一切歪门邪道。大是大非面前，的确需要如此诤友；但鸡毛蒜皮面前，诤友们也要学着放下包袱，更多地用倾听宽慰于人。

· · ·

朋友　我现在好不舒服。

复制　转发　收藏　撤回

你　你还是身体太弱了，学我天天跑步就不会了。

现在需要的是被关心。

你　你是病了吗？是感冒了还是哪里不舒服？要实在难受就去医院看看，那样也安心些，不要硬撑着。

♥　　◁　　◯

⬤ 你的知识盲区，也能打开话头　　⋯

啊！为啥？

♡　✈　◯　　　　　　🔖

朋友面前，不懂就问。不懂装懂到后面只会越发不能掩饰，还显得你不够真诚。其实直接询问，也不会聊不下去，朋友会很乐意为你解答。

< 不知道 >

···

你 在干吗呢?

朋友 在看最近很火的那个 ××× 呢, 你知道吗?

| 复制 | 转发 | 收藏 | 撤回 |

你 哦, 嗯。

不知道也没必要装作知道。

你 ×××……什么啊?

❤ ✈ 💬

● 咄咄逼人会适得其反　　　⋯⋯

加油!

每个人都有逆反心理，也有自己的坚持，你一再质疑他的方式，反问他的做法，会激起对方强烈的反驳意愿，最初的目的已经不重要了，重要的是他要说服你认可他的想法。

< 不要你说教 >

· · ·

朋友 我这房间真的太乱了，我得抽时间好好整理。

你 你为什么不能定期收拾一下呢，就是因为你太懒了，定期整理就不会乱到这个地步。

复制　转发　收藏　撤回

你这是说教的口吻。

你 那你应该好好规划一下怎么整理，这工程量看上去有些大。其实我有个很好的收纳方法供你参考呢……

♥　✈　◯

⬤ 要有灵魂的对话　　　　　　· · ·

即使是老友，也不能忽视对话的灵魂。你的语气、态度、
兴奋值都是你的灵魂，要是连对方都感受不到你的活
力，这场对话只会越来越累。

· · ·

朋友　最近都没什么好玩的游戏，你有推荐吗？

复制　转发　收藏　撤回

你　×××出的新款还可以，你去试试呗。

毫无灵魂的推荐。

你　我现在正在玩的是 ××× 新出的手游。我觉得画面很美，操作也简单易上手，剧情不复杂，适合我们日常随意玩玩。

⬤ 照顾朋友们的不同个性 · · ·

对一个有选择困难症的伙伴来说，你问他吃什么，不如问他吃小炒还是火锅。把朋友们的毛病也当作他们不一样的个性，你会更能知道怎么去沟通。

· · ·

你 我们一起点奶茶吧，你来负责下单？

朋友 好……那我们喝哪家呢？（选择困难症患者）

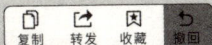

复制　转发　收藏　撤回

你 我都行，你定就好。

你这是在为难我。

你 我们一起点奶茶吧，从××、××、××这几家里面选。你要是选不出来，那就我来选。

♥　　✈　　○

● 真正做到对事不对人 ...

很多时候你在发表自己的感受时，都还是以自己的立场、自己的心思为主，与你不同的就被认为不合理，这依旧是对人不对事。即使是表达你的感官，也应该加上对自己片面感官的提前预警：也许你不是这样想的/可能是我想太多了……

< 我们都有理 >

...

你　你每次说话都这么大声，真的很不分场合。

复制　转发　收藏　撤回

以已度人要不得。

你　你可能天生嗓音洪亮些，也习惯这种说话方式了，但有时候声音太大会吵到周围的人的，我觉得你还是要尝试控制下。

♥　◁　◯

● 有情绪就是有情绪，不用遮掩 ···

明明你有情绪了，就不要假装没事。你的假装没事只会让情绪得不到释放，会更容易导致情绪失控，而且你的朋友也会陷入你的反复无常以及不够坦然。直接说出来，或者言明你需要如何发泄，朋友会更愿意配合。

...

朋友 你怎么了，看上去很不开心的样子。

你 没事，没什么事。（还是一脸阴郁）

复制　转发　收藏　撤回

不要所有事都憋在心里。

你 是的，我很不开心，今天……这事弄得我好烦啊，你先让我冷静一会儿，我怕我会暴躁得对你发脾气。

❤　✈　💬

● 想幽默也要会幽默　　　　　　···

猪八戒吃素
还那么胖！

你想自嘲以换取幽默感，但也要避免误伤。有时候不分场合的自嘲更会引起他人的不满。比如你在比你年龄大的人面前吐槽自己年纪大、忘性大……这种时候，请选对人群和场合，再来幽默吧。

· · ·

朋友 喝奶茶吗？（一个 120 斤的真胖子）

你 不了，我要减肥，这么胖的我再喝下去不用活了哈哈哈。（一个 90 斤的假胖子）

复制　转发　收藏　撤回

真想揍你！你还笑得出来。

你 不了，最近喝奶茶喝得太频繁，这样不好，你也少喝点，减少频率吧。

❤　◁　◯

🔘 为朋友好好把关   ···

朋友冲动时，你的拦阻少不了。但也不是直言"别做傻事"，而是先问询具体情况，了解发生了什么，再一起同仇敌忾一下。这个过程其实也是间接地帮朋友冷静的过程。

· · ·

朋友 啊啊啊啊啊，真是气死我了！我想打人。

你

复制　转发　收藏　撤回

别啊，冷静冷静。

这样功没效果。

你 好过分啊，怎么能这样。我给你赞助麻袋，再
帮你打他一顿……不过他这个人性格就是这
样，你在这里生闷气，说不定他并不觉得哪里
做错了，所以你也应该不在意，不为他生气。

♥　　◁　　◯

115

● 不讲结果，注重过程 · · ·

加油！

鼓励朋友，也可以不打鸡血。想让朋友更有信心地勇往直前，除开"加油"，也可以弱化结局。因为结局的不可预测和未知，才会有裹足不前的犹豫，放下对结果的执着，更期待过程中的收获也是很好的开解方向。

···

朋友 啊，马上就要比赛了，好紧张，好怕……

你 不会的，你肯定会拿第一，拿不到第一别回来见我……

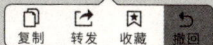

| 复制 | 转发 | 收藏 | 撤回 |

这压力太大了……

你 放轻松，这段时间你的练习我一直看在眼里，无论最终结果怎样，你自己都得到了极大提升不是吗，这就很有底气了。最后就是给你的这段成长时光加个结尾，平常心就 OK 了。

● 用感同身受平息朋友的怒火 · · ·

面对朋友的愤怒，你得先站在他这边，而不是用理智去纠错。人在生气的状态下，更需要的是盟友而不是理论家来讲道理。但在表达感同身受的同时，也要善于发现朋友怒火的真正来源，才能对症下药安抚他的情绪。

< 我是你坚强的后盾 >

···

朋友 我今天不过多问了几句他的时间安排，他竟然就说我总是管着他，气死我了。

你 每个人都有独立空间，你是应该给他一些自由，不要干涉太过了。

复制　转发　收藏　撤回

道理都懂，但更听不进去。

你 是的，你本意又不是管他，只是关心一下，怎么能曲解你的意思呢……要我说，你就多晾他几天，你不去问他，你自己也和其他朋友好好玩玩，等着他来问你……

❤ ✈ 💬

Talk To Your Colleagues

· 同事篇 ·

不止眼前的苟且，还有远方的苟且

总觉得工作难，职场关系更难。
但其实，把同事当朋友对待，把
工作当生活对待，也就有了一件
长期进行的活动，以及一群天天
厮混在一起的盟友。

● 分清立场，一致对外

同事，同事，自然是同一战线的战友。你可不能胳膊肘朝外拐，分不清立场，被对家或者合作方给带偏了。你们的一致目标当然是让自己公司盈利，而不要被人情、感性带偏。

< 立场 >

· · ·

同事 他们出的这个方案有点问题，需要再沟通修改下。

你 我觉得，对方公司也不容易，还是不要太压榨别人了。

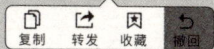

| 复制 | 转发 | 收藏 | 撤回 |

你是对方派来的卧底吗？

你 好的，我来和他们谈，具体修改意见你到时候整理一份文档给我吧。

♥ ✈ ◯

⬤ 好好表达，好好倾听 ···

♡ ⬈ ◯   ▢

工作中最重要的就是上传下达，可见沟通的重要性。
不管你是上传还是下达，都要保证消息的准确性以及
来回传递过程的严谨性，无差错、无遗漏，遇到自己
都不太确认的内容，应该先确认再去传达下一环，没
确定的不要擅自说确定。

· · ·

同事　×××，那个项目确定了方案没啊？

你　哦，定了。

同事　定的什么内容？

你　唔……我再问问。

复制　转发　收藏　撤回

这样很容易引发办公室大战的。

同事　×××，那个项目确定了方案没啊？

你　那个方案已经定了，具体内容是……/ 那个方案还存在一些问题：第一……。第二……现在准备这样来处理……

❤　◁　◯

● 互相推荐，喜获同盟 　　　　　···

跟同事的交流，可不只限于工作，聊得来的同事也可以发展成生活中的朋友，一起聊生活、聊好物。生活上有了共同爱好或者共同话题，也可以加深工作上的默契与合作水平。

· · ·

同事 最近有什么好看的电影或者动画推荐吗?

你 没有哎。

（我看的你也不一定喜欢。）

| 复制 | 转发 | 收藏 | 撤回 |

你咋不问就定性了。

你 你一般喜欢看什么类型的电影呢，悬疑、搞笑……动画我都只看日番……

❤   ✈   ○

● 学会配合，不要单打独斗　　···

这个社会永远都不可能只是单打独斗，即使你的个人能力特别突出，也不能抗拒合作或者害怕与多人的沟通交流。一个人的能力、思维都有其局限性，学会团队沟通、协作是有助于自己更上一层楼的关键。

< 合作 >

· · ·

同事　这个项目我们俩一起做，定个时间我们先开
　　　会讨论下策划吧。

你　策划我来写就好了，写好你看看，没有问题
　　就可以进行下一步了。

| 复制 | 转发 | 收藏 | 撤回 |

这还是合作吗?

你　好，在那之前，我们先找找方向和竞品，到
　　时候开会更有针对性。

♥　　✈　　◯

● 解释说明情况要先自行理清逻辑 ···

♡ ✈ ○   🔖

传达工作指令或者汇报工作进度时，逻辑感很重要。
很多时候，你毫无逻辑的陈述，是在浪费大家的时间、
精力。最好的办法就是加强自身的语言逻辑，条理清
晰地分点说明，简明扼要就好。

· · ·

同事 这个事情目前是怎样的?

你 这个……那个……

复制　转发　收藏　撤回

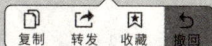

杂乱无章……完全没懂。

你 目前情况是这样的: 第一……。第二……

❤ ✈ 💬

● 工作状态也需要情商

工作状态也不是每分每秒都只涉及工作，日常打招呼、休息时的闲聊也是必要环节，而这些环节的表达，就体现了你的情商，情商不高的人常常会惹得其他人不快。即使是工作环境，也请给自己的情商上把锁吧。

< 不会聊天 >

· · ·

你 喂，你这衣服买大了吧。

复制　转发　收藏　撤回

就不能好好喊名字吗……

你 哇，××，我喜欢你这件衣服，好看。

⬤ 不要遇到问题就想甩锅　·· ·

工作上出了错误，先从自身找原因。不要一有问题，就急于甩锅，力图证明自己完全没错。即使你真的没错，但一开始就往别人身上引咎的行动会大大影响你在同事心中的形象和地位。

· · ·

同事　这是怎么回事？和你之前说的不太一样。

你　我就是那样说的啊，你自己忘记了吧……

复制　转发　收藏　撤回

锅甩得不要太快。

你　这事可能我当时传达也有误，但事已至此，不是互相指责的时候，我觉得还有挽救的余地，可以……

❤　✈　💬

● 别人生气，我不气　　　...

❤　✈　💬　　　　　　　　🔖

合作的同事可能因为工作效率、工作比重、任务要求
等产生怒气，而你需要做的是，保持冷静，理清问题，
给出解决方案，让对方明白，因为这个会气恼很正常，
但这事可以解决的，我们解决就好了，及时排解愤怒
情绪。

...

同事 啊啊，好烦啊，这和之前说的不一样啊！这怎么改啊，烦死了！

你 ~~啊啊啊啊啊，是啊，这怎么改得动，让他们自己来啊！~~

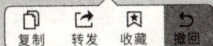

| 复制 | 转发 | 收藏 | 撤回 |

不要跟着一起慌了。

你 你先别急，我看了下，之前被换掉的那个稍微调整下是可以达到要求的，就根据那个来改吧。

❤ ✈ 💬

关心不是指点

关心同事是人之常情，但关心的方式有待认真考量。如果一开口就在批判他的方式方法，告诉他应该怎么做，那对方很可能错把你的关心当作指点；正确的关心方式应该是先肯定他的状态，肯定他这个人，而不是批判事情。

...

同事 我的方案又被打回来修改了，唉，看来我是真的不会做啊。

你 你这怎么能这样写呢，很有问题，按这个模式来就好了啊。

复制　转发　收藏　撤回

你这到底是关心还是火上浇油。

你 你别这么丧，我觉得你的方向其实没太大问题，我知道你也研究过之前的模式了，可能细节上忽略了……补上来就好啦。反正你也是很精益求精的，就当自己有更高要求吧。

♥　　✈　　◯

⬤ **在吗，不在**   ...

♡ ✈ 💬   🔖

工作中，最常见也最被人厌烦的网络聊天开场白就是：在吗？尤其是当你打出这两个字后却再无下文，直到对方回了才正式说事。其实被询问者就希望你直接说明来意，有空做就会做，要真没空回不回复你的"在吗"也意义不大。

...

复制　转发　收藏　撤回

你 在吗?

———————————————————

有事说事，真不想回应这两个字。

你 在忙不? 我这会儿有个急事可能需要你帮忙，
就是……可以吗?

♥　　◁　　○

● 我也有弱点

怎么办？

工作中，大家都不太愿意展现自己的弱势，既不想影响他人的工作，也不愿显得自己能力不够。但工作环境也是集体环境，不存在完全只能依靠一个人的任务，适当的求助不会让别人看轻你，而是会提升你的效率，增进你的人际关系。

< 示弱 >

...

同事　我终于忙完了。

你　恭喜恭喜，我还够没有呢。

同事　反正我手头的事也忙完了，要不我帮你想想。

你　不用不用，我也马上就好了。

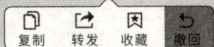

　　　　　　　复制　转发　收藏　撤回

不要太逞强了。

你　哈哈哈哈，那太好了，你有时间的话可以帮我想想吗？我太苦了，思维都不活络了。

♥　✈　◯

求助要具体

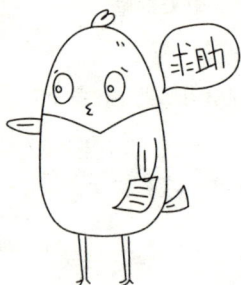

既然已经解除求助的开口难关，那为了求援的顺利，也要具象化你的难题，不要过于笼统。比如，写不出来策划，就应该言明是什么类型的活动、需要达成什么目的……而不是只说一句，帮我想想活动策划吧。

···

你 在不，可以帮我个忙吗?

同事 怎么了? 什么事?

你 我好苦，想不出来文案。

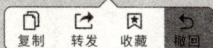

| 复制 | 转发 | 收藏 | 撤回 |

你还没说清楚，什么文案呢?

你 我正在想 ×× 项目的 ×× 文案，要求是……
你能帮我想想方向吗?

❤ ◁ ○

● 方案越完整，通过概率越高　　　···

当你觉得同事或者领导不能理解你的想法或方案时，你先想清楚他们在意什么，是可实施性还是创新性，是市场效益还是辐射人群。这种情况下，你的方案越完整、涉及的内容越细致、考虑的点越完备，被大家认可的概率就越高。

< 说服力 >

···

领导 你的这个方案最吸引我的点是……但有人员限制吧，要怎么做？

| 复制 | 转发 | 收藏 | 撤回 |

你 没想好。

PASS 掉！

领导 你的这个方案投入市场的风险预估有吗，市场接受度有做过调查吗？

| 复制 | 转发 | 收藏 | 撤回 |

你 还没有，就是初步做了这个规划。

做好市场调研再来说吧。

你 我有想过这个问题，请看 ×× 页，对此我有做过专项调查，也进行了一系列的分析与备案措施……

❤ ✈ ◯

● "我以为"，不如具体需求　　　···

♡　✈　○　　　　　　　🔖

每个人的工作性质不同，所擅长的也不同，在别人擅长的领域范围，说太多"我觉得"，还不如根据诉求，告知具体要做成什么样或什么程度，让对方发挥他的专业性去完成。所以，前期的沟通很关键，决定着完成的成绩以及时间。

< 我要的 >

...

同事 这个项目你想要的是什么风格?

你 我觉得要有足够美感，但不能太复杂，要以简洁为主，可以尝试……

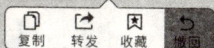

复制　转发　收藏　撤回

这是你觉得，但领导觉得呢?

你 这个项目面向的是喜爱创作的年轻人。所以我们的设计不能太古板，能容纳多一些的流行元素……

♥　✈　◯

🔘 工作疲态用目标打破 · · ·

无论什么工作，做久了都会产生疲态或是遇到瓶颈期，这个时候，能帮助顺利脱困的就是自身的期待与目标了，这个期待值不是公司给的，是你自己所希冀的目标，这样你才会更有动力去实现。

···

同事 最近好丧啊，事情多到根本做不过来，我要废了。

你 今年要完成的绩效还差一半呢，只能趁现在多拼一下了，加油！

复制　转发　收藏　撤回

哪壶不开提哪壶……

你 你想想你年初的规划，不是说年底要休假出去玩嘛，我们趁现在多做事，多完成任务，现在的一切努力都是为了年底的清闲，那时你就能完成期待已久的旅游了。

♥　✈　○

队友，他们又来催了

任务紧急，队友却开始深陷拖延期，怎么办？千万别以身试水，以你的立场去劝告他搞快点，会收效甚微的，应该把这个催促的锅甩到其他部门或者领导或者合作方头上，你们正在一致对外，是战友，压力都是来自其他方的，没有办法，只有齐心协力搞快点了。

< 甲方爸爸来了 >

···

你　你的那个策划写得怎么样了？

同事　别急，我才刚开始。

复制　转发　收藏　撤回

你　你加快进度啊，不能再拖了。

不听不听。

你　合作公司那边又在催进度了，他们给了最后期限，是后天下班前，你要抓紧了，这个合作项目领导都很重视的。

❤ ✈ 💬

● 升职加薪不是梦

作为小小职员，日常关心的除了工作，还有人生大事——加薪，不好意思、不知道怎么开口提啊。淡定点，这个话题很常规，关键得看你怎么说，是选择一记直勾，还是先摸清标准，这里面可是有着深深的学问。

···

复制　转发　收藏　撤回

你 老板，我可以加薪吗？

这样说可能会直接被拒绝。

领导 现在还不行。

你 老板，我想了解下，我们公司一般加薪的标准是什么呀？

♥ ◁ ○

● 评价不要给满分

当同事就某个工作询问你的意见时，即使你觉得很好，也不要一上来就给完美的评价，要有所保留。因为你说得太完美，也许会让别人更觉得有水分，掺杂太多个人思想，不够客观。

< 我觉得还不错 >

· · ·

同事 这次内测的产品觉得如何?

你 特别棒!你一定要去参加下次内测,不去你会后悔的!

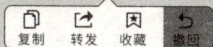

| 复制 | 转发 | 收藏 | 撤回 |

有猫腻。

你 就我的体验感来说还不错,已经可以继续进行了,不过还是希望你们都来测试下,收集更多信息。

♥ ⌕ ○

666

⬤ 遇到危机，奖励机制比惩罚机制更好‥

当工作遇到重大难关时，作为领导层，比起完不成任务就要承担什么责任，不如制定顺利完成任务的奖励机制，这样更能俘获员工的心，给大家动力。

· · ·

你 这个季度的工作进度严重滞后了，得趁这个月尽快赶上进度，因为这事，本季度奖金取消，要是严重影响市场，你们得罚钱。

复制　转发　收藏　撤回

好难过……

你 这个季度的工作进度严重滞后了，得趁这个月尽快赶上进度，大家加油，进展最快的小组，我们会给予奖励。

⬤ 过度谦虚要不得

即使要自谦，也不要过度自谦，更不要美其名曰我没做什么，都是运气好，这话很扎其他人的心。要表现得谦虚，可以借助自己的行动来自嘲化，比如，我用的方法都太原始了，只是花的时间长，所以有所成效，但还是太耽误时间了……诸如此类。

···

同事　真羡慕你，做出了这么爆款的产品。

你　没有啦，虽然我是负责人，但我也没做什么，就是赶上好时候了。

| 复制 | 转发 | 收藏 | 撤回 |

这样会被认为你是在强调自己躺赢。

你　也不是我一个人的功劳啦，我就是负责把小组成员调动起来，大家各司其职，我负责监督和替补。大家一起给力。

❤　✈　◯

● 部门要聚会得先聊出具体内容

常常会遇到说了好久的部门聚会最后却不了了之，因为大家都只是嘴上说说，过后就忘了。要想一气呵成，就得在提出聚会的同时，间接敲定聚会形式、地点，以及时间范围。不这样一步步紧逼着落实，何时才能真的聚起来。

···

同事 找个时间我们一起出去玩玩吧。

复制　转发　收藏　撤回

你 好呀，趁大家都不忙的时候。

然后就一直忙忙了。

你 好呀，那我们是 K 歌呢，还是聚餐，或者一起去玩下密室，你们觉得呢？

去 K 歌的话，还是选附近的比较方便，我看了下附近的，这周六做活动半价呢，怎么样？

我们可以定下午 2 点开始的，这样还可以先去吃个饭。

♥　◁　◯

● 任何决定都有一定理由 　　　　　···

工作中，总会遇到一些我们很抵触的安排或者决定，与其因为排斥而影响自己的心情，进而影响工作，不如深入了解一下这些看似很无理的规定是因为什么，也许这背后的原因可以说服你平息怒火；即使不能平息，至少也让你知晓了前因后果，不会云里雾里。

· · ·

你 组长说，下午 3 点准时开会。

同事 为什么要这么晚才开会啊，又要耽误下班时间了。

复制　转发　收藏　撤回

你 按时开会就好，别问这么多。

有原因更能说服人。

你 因为这个会很重要，而上午有另一场会议要开，明天组长又要出差了，所以只有下午有时间……

♥ ✈ 💬

· 恋人篇 ·

恋爱，谈出来的

男人的嘴，骗人的鬼；女人的心，
海底的针。

从今天起，做个有心的男人，不
虚假，不浮夸，再也不是大猪蹄
子；从今天起，做个会说的女人，
不做作，不憋着，再也不专靠眼
力见儿。

柴米油盐，更需理解

谈恋爱谈着谈着就和生活息息相关了，过了最初的热恋期，越往后，可能涉及更多的都是生活的琐碎小事。你们也可能为了柴米油盐而吵架，也可能为了今后的规划而冷战，所以，时间越久，越需要双方的包容与理解，才能走得更远。

...

对象 你用了牙膏总是不记得盖上盖子。

你

复制　转发　收藏　撤回

哎呀，这么点小事，你帮我盖上不就好了。

这事儿，一点也不小。

你 啊，实在抱歉，我这人记性太差，我得备着便利贴，把这些事情记上贴在这儿，每天看见就不会忘了。

❤ 　 ✈ 　 ◯

🔘 好好学习，一起向上   ···

美好的恋爱，会让双方都愿意为了更好的生活而好好奋斗。不仅仅是一方满足另一方，一方照顾另一方，而是双方一起成长，互相助力，互相搀扶着走下去。那样，再大的困难也有人一起扛。

···

对象　我们来定个存钱计划，目标是房子的首付。

复制	转发	收藏	撤回

你　这还那么远的事，现在想啥。

这是一起的希望。

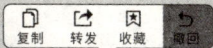

你　好！我们一起努力。

♥　✈　○

● 最亲近的人，更要互相鼓舞　　···

♡　✈　💬　　　　　　　🔖

关系近了，该夸的话也不能少。恋人最容易有的误区就是，我们在一起这么久了，那些肉麻兮兮的话不用说大家也都懂。但有些话只有说出来才更有价值，心里懂，口头上也得懂才好。

...

对象 看，我今天做了这么一大桌子菜，都是你爱吃的。

| 复制 | 转发 | 收藏 | 撤回 |

你 嗯，好吃的。

太冷淡了。

你 哇，这么丰盛！真棒！你都可以当大厨了。

♥ ✈ ◯

⬤ 先在一起，然后有共同喜好 　　···

两个人在一起以后，才会有源源不断的共同话题，因为喜爱的心会辅助自己了解对方的喜好，以及尝试去接触，才更可能也随之喜欢上。

< 共同爱好 >

...

对象　你要不要和我一起画画？

你
复制　转发　收藏　撤回

我不会哎，你自己画吧。

没情趣。

你　好啊，我跟着你学画画，你要不就跟着我快
乐追星，哈哈哈哈。

♥　　◁　　○

说了这话就要有这担当

一对恋人一直走下去，就会成为陪伴对方最长时间的人了，因而互相做出的承诺也都是责任的一部分，不可以随口一说，要有勇气和力量承担起来。

· · ·

你 （几年前）
以后我养你啊，工资卡都给你拿着，你就不用去工作了。

对象 （几年后）
你工资卡现在都不交给我了。

你 养家糊口，哪一样不都是钱，我又没乱用，你需要的我转你就好了。

📄 复制	↗ 转发	🅱 收藏	↩ 撤回

重点不是卡给没给，重点是你的承诺。

你 交交交，不过我们商量一下哈，现在应酬费用高了，以后我的生活费也该涨了吧。

❤️　✈️　💬

177

● 与爱人的相处，有时能吵得翻天覆地；·
有时就能情话满满

情侣的相处模式可能是所有关系里最莫测的，前一秒
可能还在争吵，后一秒可能就又腻歪在一起了。不过
那也是因为只有在爱情中，才会展露自己最意想不到
的一面，你不会耍的小性子也会耍，曾经你觉得自己
永远不会说的话也同样会说给他听。

对象 感觉你最近总是很忙，忙到没时间陪我。

你 忙也是为了生活啊。

复制　转发　收藏　撤回

意思虽是这样，但表达太直接。

你 我可是有安排的呢。马上不是七夕嘛，我一定好好陪你。最近太忙也没怎么陪你是我的问题啦，你千万不要这样原谅我，等到七夕看满不满意再原谅我。

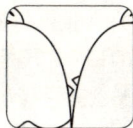

● 太过直接的话语还是少说为妙 ···

再相爱的两个人，前提也都是两个独立的人，需要情感的维护，也需要私密的尊重，才能长长久久。有些触及底线或者太过直白的讥讽，还是要避免，也许一次两次还能挽回，但终归会成为双方的疤痕，总有再被揭开、拿出来说的可能性，伤人伤己。

< 在意 >

· · ·

对象 你怎么了，不舒服就好好躺着。

你 你从来都不关心我。

| 复制 | 转发 | 收藏 | 撤回 |

这话太绝对了。

你 我躺着也还是不舒服，你就不能想想其他办法安慰我一下嘛。

♥ ✈ ◯

181

🔘 转移视角，给双方冷静的时间　　···

情侣之间一旦争吵起来，那就是一发不可收拾，在那之前，最好给双方一个缓冲的机会。比如，对方找你要说法的时候，你做个时间缓冲，加入其他话题或行动来转移视线，减轻即时的怒气。

< 你来我往 >

· · ·

对象 你竟然给手机设密码，说，是不是有什么不能让我看到的秘密？

| | 复制 转发 收藏 撤回 |

你 说得好像你没给手机设密码一样。

你是想挑起怒火吗……

你 你就不想猜猜我设的密码是什么吗，猜对了，我手机你随意翻；猜不对，我要看看你手机是不是因为有秘密而设了密码。

♥ ✈ ○

⬤ 顺着情绪发问　　　　　···

♡　✈　💬　　　　　🔖

发现恋人情绪不太对了就要及时发问，如果是不开心了，就顺着问下今天有什么不开心的事发生。你顺着情绪问了，他就会开始向你倾诉，不然即使最开始的不快不是因你而起，一直憋着也容易引发你们之间的战争。

你今天玩得开心吗?

(明明他一脸不开心)

复制　转发　收藏　撤回

询问的方向不太对。

今天都发生什么了,有什么不开心的事吗?

恋爱中也要保持独立

觉得恋爱双方不应该有思想的分歧、对方与自己意见
不合就不 OK 的想法是错误的。意见不一只是两个人
的思维模式或者立场不一样，这和感情深浅毫无关系。
但也要避免直接的反驳，可以客观分析。

< 你站哪边 >

...

对象 今天 ×× 说 ××× 景点一点都不好玩，我觉得很好玩，你呢，觉得好玩吗？

复制　转发　收藏　撤回

你 我也觉得一般般。

讨打的节奏。

你 你比较喜欢美食，自然觉得 ××× 很好玩，因为那儿的确美食多且好吃，我也很喜欢；×× 更喜欢美景，而那里的风景是不够好，所以你们俩都说得有理啊。

被另一半伤到了，也不要站在自己的立场极端指责对方

恋爱中的大矛盾很多都源自一方对另一方极端的评价。你伤害了我，所以我要说，你作为男 / 女朋友真的很失败。这样的措辞是引发"战争"的直接导火索，谁都没法忍受别人对自己这样负面且极端的评价，这种时候，你只应该表达自己的伤心，还会换来对方的怜惜。

< 尊重 >

· · ·

对象　你不要这样无理取闹好吧。

复制　转发　收藏　撤回

你　男/女朋友做成你这样真是够了。

太伤人了！

你　你觉得我是在无理取闹吗，我真的很伤心，这不是我的本意。

❤　✈　💬

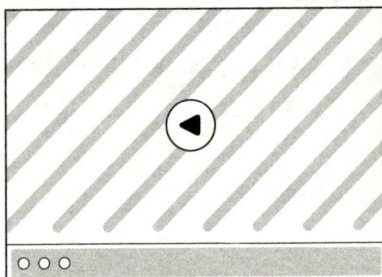

PART TWO

聊下去

最适合新人交流的十大话题

名字 籍贯 社会关系 人际关系 交集区
热搜 分享 外在 天气 季节

>

名字
mingzi

　　是每个人在社会立足的名片。初次
见面，交换"名片"是最稳妥且必备的
交流话题。

✕

籍贯

jiguan

　　是仅次于姓名的第二大新人话题。互通了姓名，一般都会接着聊聊家乡，要是赶巧遇到老乡，好感度也就"噌噌噌"上去了。

社会关系

shehuiguanxi

在这里是指聊天当下你所担当的角色或身份。学生，可以聊学校、课程、同学；在职人，可以聊所在城市、工作、生活；家长，可以聊孩子、孩子、孩子……

最适合新人交流的十大话题

名字 籍贯 社会关系 人际关系 交集区
热搜 分享 外在 天气 季节

>

人际关系

renjiguanxi

　　在这里可以理解为促使你们达成初次聊天的人际关系，比如，共同的朋友、亲戚的亲家、合作伙伴、拼团伙伴……

交集区

jiaojiqu

在这里指生活有交集的地区或地域。
比如，老乡、同城、邻居、校友、同事……

最适合新人交流的十大话题

名字 籍贯 社会关系 人际关系 交集区
热搜 分享 外在 天气 季节

热搜

resou

　　人都是爱聊八卦的，最新的消息除了供你取乐，也是很好的认识新朋友的交流话题。说不定就能遇到同好。

分享

fenxiang

　　初次见面，大方可亲总是好的，适时分享一些你的好物，好玩的游戏、地点等，也能使初次交谈更顺利。

最适合新人交流的十大话题

名字 籍贯 社会关系 人际关系 交集区
热搜 分享 外在 天气 季节

外在
waizai

　　以夸为主，但不要浮夸。衣着、打扮、发型、妆容、配饰……都可以作为外在的入手点。

天气

tianqi

与人们息息相关，信手就可以拈来。

✕

最适合新人交流的十大话题

名字 籍贯 社会关系 人际关系 交集区
热搜 分享 外在 天气 季节

>

季节
jijie

和天气一样，与人们的生活紧密贴近。每个人都有喜欢的季节和不喜欢的季节，这就已经是一个可聊的点了。

最适合冷场续聊的十大话题

热搜 美图萌物 交通 美食 笑话 影视歌曲
共同爱好 共有回忆 shopping 假期

>

热搜

resou

　　简称八卦，人人都爱做吃瓜群众。
而且这些事该知道的都会知道，基本都
是和自己的生活隔得很遥远的事，可以
放心聊。

美 图 萌 物

meitumengwu

其实萌物才是王道，因为谁不想吸猫吸狗，可爱胜于一切。聊不下去了，翻翻萌宠图，一起看看，马上就能"哇"起来了。不过美图也还 OK，不能去旅行，看看别人晒的图，也能有一番感慨。

交通

jiaotong

即使待在一起一整天，也总会各回各家，实在不知道聊什么了，可以关心地问问对方回去的路程，同不同路啊，远不远啊，注意安全啊……

最适合冷场续聊的十大话题

热搜 美图萌物 交通 美食 笑话 影视歌曲 共同爱好 共有回忆 shopping 假期

美食

m e i s h i

没什么冷场是不能靠美食吸引回来的。发动你的种草机，在美食面前，什么都能继续聊。

最适合冷场续聊的十大话题

热搜 美图萌物 交通 美食 笑话 影视歌曲
共同爱好 共有回忆 shopping 假期

＞

笑话
xiaohua

　　这里可不是要你尴尬地说：我来给你讲个笑话吧……就问你尴不尴。讲笑话也是有方式方法的。现代人谁还会真的等你空口说笑话，用用微博豆瓣知乎，看到很好笑的段子，念念段子。

最适合冷场续聊的十大话题

热搜 美图萌物 交通 美食 笑话 影视歌曲
共同爱好 共有回忆 shopping 假期

影视歌曲

yingshigequ

　　看着很土的话题，但也很实用。无聊的生活该干吗？还不就是追追剧、听听歌。所以你的分享，至关重要。

共同爱好

gongtongaihao

　　都有共同爱好了还怕什么。都喜欢五月天，呀，五月天马上要办演唱会了，约吗？都喜欢跳舞，最近新出了一个网红歌的双人舞，我们一起学吧……

共有回忆

gongyouhuiyi

　　强调下，这里不是要你上来就说，
嗨，还记得那年夏天，我们一起……就
问你尬不尬。回忆包含很多，当下的续
聊，不一定要抓着过往大谈感情戏，可
以是回忆里的人事的新进展或者再触发。
比如，柯南的众筹手表上市了，你看，
还蛮还原的……

×

shopping

　　买买买是生活的极大乐趣，不买干逛
也其乐无穷。一起逛逛，看到喜欢的衣
服鞋子马上来一波"哇"，续聊不在话下。

热搜 美图萌物 交通 美食 笑话 影视歌曲
共同爱好 共有回忆 shopping 假期

假期

jiaqi

　　很适合拿来畅想。小长假想干什么，
周末要不要出去玩……

旅行

lǚxíng

　　旅行要做的前期准备比较多，需要驴友相互之间多沟通，聊到位，想聊多久聊多久。

运动

yundong

　　运动前的准备，运动的苦乐，运动后的成果，看看，多少可以聊的呀。

最适合延长交流的十大话题

旅行 运动 减肥 技能 健康 演艺
居住地 出生地 故事 兴趣

〉

减肥
jianfei

　　要减肥，先要有决心做长期战斗，再拉上盟友一起，更有信心。大家一起好好商量怎么达到瘦身目的，简直不要更好。

✕

旅行 运动 减肥 技能 健康 演艺
居住地 出生地 故事 兴趣

技能

jineng

　　每项技能都有其技巧，大家一起分享各自的技能技巧，就能有一场持久的交流。

最适合延长交流的十大话题

旅行 运动 减肥 技能 健康 演艺
居住地 出生地 故事 兴趣

>

健康

jiankang

　　身体是本钱，而且关于"健康"的话题与衣食住行各方面都能扯上关系，话题延展性大大提高。

×

最适合延长交流的十大话题

旅行 运动 减肥 技能 健康 演艺
居住地 出生地 故事 兴趣

演艺

yanyi

“演艺”的“新闻”往往更有利于话题的展开。

×××明星做了××××事呢，我之前还蛮喜欢他的。我也是我也是，之前看他演的×××特喜欢……

千万别低估爱豆的魅力。

居 住 地

juzhudi

不同的城市有着不同的生活习性，在同一个城市待久的人，相互之间也会更合拍，有着相近的行动线，能分享周围一切可以分享的事物。

最适合延长交流的十大话题

旅行 运动 减肥 技能 健康 演艺
居住地 出生地 故事 兴趣

>

出生地

chushengdi

家乡是很奇妙的存在，特别是久居异地的人，聊起家乡会更激动、更难以自拔，不清楚的记忆也会变得清楚。恨不得一通介绍下来，立马吸引人家去实地玩。

故 事
gushi

你有一个很好的故事想讲。

旅行 运动 减肥 技能 健康 演艺
居住地 出生地 故事 兴趣

>

兴趣

x i n g q u

只要有兴趣，一切皆是话题。

最适合结束话局的十大话题

时间 天气 交通 约会 工作 学习
睡觉 家庭 习惯 快递

>

时间
shijian

时间不早了 / 已经这么晚了 / 我等会儿还有事……诸如此类，你就可以结束话局了。

最适合结束话局的十大话题

时间 天气 交通 约会 工作 学习
睡觉 家庭 习惯 快递

天气

tianqi

这天气实在不太好，得早点回去了 /
这太阳太晒了，晒得头疼，我想回去躺
躺了。

交通
jiaotong

询问对方回去的路线，也可以委婉结束这次的话局；抑或，距离太远，车次结束时间太早……都是极好的借口。

约会
yuehui

我等会儿还有约，不能迟到，那就只能先聊到这里了。

225

时间 天气 交通 约会 工作 学习
睡觉 家庭 习惯 快递

>

工作

gongzuo

想聊的时候，工作是禁区；不想聊的时候，工作就是个宝。

学习
xuexi

没有谁愿意阻碍别人的进步。你说你要学习了，他还能让你别学了吗。

最适合结束话局的十大话题

时间 天气 交通 约会 工作 学习
睡觉 家庭 习惯 快递 >

睡觉

shuijiao

吃饭、睡觉都是人每日必不可少的事情，一句困了，就能解脱。

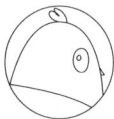

家庭
jiating

正如对外工作，一切决策都是领导的锅；对外交际，一切不得不停止的交流都是父母的锅，因为有门禁啊。

229

习惯

xiguan

习惯是个很好的守护者，遇到想结束的聊天，你的习惯就能让你离开。比如，我习惯每天这个时候要睡会儿；我习惯这个时候要去练会儿字……

最适合结束话局的十大话题

快递

kuaidi

聊着最近收割的新品好物，就可以突然想起某个好几天未取的快递，那只能说拜拜了。

图书在版编目（CIP）数据

说出来，聊下去 / 嗨迪 编著.
—武汉：长江出版社，2019.11
ISBN 978-7-5492-6766-8

Ⅰ.①说… Ⅱ.①嗨… Ⅲ.①语言艺术—通俗读物 Ⅳ.
①H019-49

中国版本图书馆CIP数据核字（2019）第243229号

说出来，聊下去 / 嗨迪 编著

出　　版	长江出版社	
	（武汉市解放大道1863号　邮政编码：430010）	
选题策划	漫娱　陈斯诺	
市场发行	长江出版社发行部	
网　　址	http://www.cjpress.com.cn	
责任编辑	李　恒	
特约编辑	陈雪琰	
总 编 辑	熊　嵩	
执行总编	罗晓琴	**开　本**　787mm×1092mm　特规1／32
装帧设计	李　婕	**印　张**　7.25
印　　刷	恒美印务（广州）有限公司	**字　数**　60千字
版　　次	2019年11月第1版	**书　号**　ISBN 978-7-5492-6766-8
印　　次	2019年11月第1次印刷	**定　价**　25.00元